재단법인 파라다이스 복지재단은 기업이윤의 사회 환원을 통해 더불어 살아가는 사회를 구현하고 미래를 창조하기 위해 1994년 설립되었습니다.

장애인을 비롯한 소외계층의 어려움을 함께 나누고 보다 풍요로운 미래를 디자인 하겠다는 한결같은 열정으로 교육, 치료, 문화, 예술 등 다양한 영역의 복지사업을 수행하고 있습니다.

www.isorimall.com

아이소리몰은 양질의 진단평가도구 및 교재교구 개발 및 보급하기 위해 파라다이스 복지재단의 수익사업으로 2002년 시작되었습니다.

아이소리몰의 판매 수익금은 특수교육, 장애인 인식개선사업, 현장지원사업 등 파라다이스 복지재단의 다양한 사회복지사업에 수익금 전액이 환원되어 장애인 복지증진에 재사용 되고 있습니다.

KB100642

https://pf.kakao.com/
_LnxlzK

isorimall_official

https://blog.naver.com/
paradisewelfare3296

받침 탐험대

우리는 자신에게 필요한 정보를 얻고 전달하기 위해 읽기·쓰기 능력을 사용합니다.

이러한 읽기·쓰기 능력은 교과목 학업성취에도 필수적입니다.

읽기·쓰기에 어려움을 보이는 아동은 전반적인 학업성취에 어려움을 겪습니다.

임상에서 읽기·쓰기 수업을 할 때 느낀 가장 큰 걸림돌은 아동의 좌절입니다.

읽거나 쓸 수 있는 받침은 한두 개뿐인데 책이나 학습자료에는 너무나도 많은 받침이 쏟아져 나옵니다.

아이들은 읽고 쓰는 것에 점점 흥미를 잃어버리는 모습을 보며 마음이 아팠습니다.

'받침 탐험대'시리즈는 받침을 처음 배우기 시작한 아이들도 동화책 한 권을 스스로 읽는 재미를

느끼게 하고 싶어서 개발하였습니다. 한 개의 받침만 알아도 이야기를 읽고 쓰며

자신만의 동화책을 만드는 경험을 할 수 있습니다.

'받침 탐험대'시리즈는 읽기·쓰기 발달과정을 고려하여 동화책과 워크북을 구성하였습니다.

아이들은 교재 속 음가 학습, 음소 인지, 음소 생략·첨가, 읽기 유창성, 덩이글 이해력 증진(짧은 독해),

따라 쓰기, 받아쓰기 활동을 통해 자기주도적인 읽기·쓰기를 경험할 수 있습니다.

스스로 무엇인가를 한다는 것은 아주 뜻깊은 일입니다. 아이가 스스로 세상에 내뱉은 첫 낱말,

스스로 내디딘 첫 걸음은 매우 뜻깊고 기쁜 순간입니다.

본 교재를 통해 아이들이 스스로 책을 읽고 쓰는 기쁨을 접하길 바랍니다.

저자_이다원
- 한림대학교 언어병리학 전공, 청각학 부전공
- 이화여자대학교 언어병리학 석사 / 1급 언어재활사
+
https://www.instagram.com/slp_dw/
https://blog.naver.com/slp_dw

2024. 04

이 다 원

받침 탐험대

김치 담그기

안녕? 반가워!

받침탐험대에 온 것을 환영해!

보물 지도 속 재료를 모두 모으면

'전설의 한글 약'을 만들 수 있어.

'전설의 한글 약'을 먹으면 어떤 글자를 만나더라도

전부 읽고 쓸 수 있게 된대!

그럼 우리 함께 재료를 찾으러 떠나볼까?

구성 및 지도방법

1. 음가 배우기

- 학생이 받침의 음가를 정확하게 인식하고 있는지 확인합니다.
- 입모양 그림을 활용해 정확한 소리를 낼 수 있는지 확인합니다.
- 초성에서의 소리와 종성에서의 소리의 차이를 인식하고 정확하게 산출할 수 있도록 지도합니다.

2. 음소 인지

- 단어 속에서 받침을 인지하고 있는지 확인합니다.
- 인지에 어려움을 보이는 경우 받침 부분만 길게 소리 내어 들려줍니다.
- 소리로만 인지하는 것이 어렵다면, 목표 받침이 포함되는 음절을 찾아 표시하도록 지도합니다.

3. 음소 생략 · 첨가

- 목표 받침을 단어 속에서 첨가 또는 생략할 수 있는지 확인합니다.

4. 어휘 예습

- 동화를 읽기 전 목표 받침이 들어가는 어휘를 예습합니다.

5. 동화 읽기

- 유창하게 읽는 것에 어려움이 있는 경우 목표 받침이 포함된 단어를 먼저 읽은 뒤 문장 전체를 읽도록 지도합니다.

6. 질문에 답하기

- 동화를 다 읽은 뒤 실시합니다.
- 내용을 기억하지 못하는 경우 스스로 문장을 읽고 문제에 답할 수 있도록 지도합니다.

받침 탐험대

김치 담그기

받침[ㅁ] 음가 배우기

- 지도자가 소리를 먼저 들려주세요.

- 이후 학생용 페이지의 입모양을 보여주며 소리의 특성을 설명해주세요.

- 초성에서의 소리와 종성에서의 소리의 차이를 설명해주세요.

- 글자의 이름과 소리가 다름을 분명히 인지시켜주세요.

지도의 예시

지도자 : (학생용 페이지의 엘코닌 박스를 가리키며) 이 글자의 이름은 무엇인가요?

학생 : 미음이에요.

지도자 : 네 맞았어요. 미음이에요. 미음은 위치에 따라 소리가 다르게 나요. (초성 엘코닌 박스를 가리키며) 이곳에서는 어떤 소리가 날까요?

학생 : /므/소리가 나요.

지도자 : 네 맞았어요. 초성에서는 /므/소리가 나요. 그러면 (종성 엘코닌 박스를 가리키며) 이곳에서는 어떤 소리가 날까요?

학생 : /음/소리가 나요.

받침[ㅁ] 음가 배우기

내 이름은 '미음'입니다. 초성에 오면 /므/라고 소리 나지만 받침에서는 /음/이라고 소리가 나요

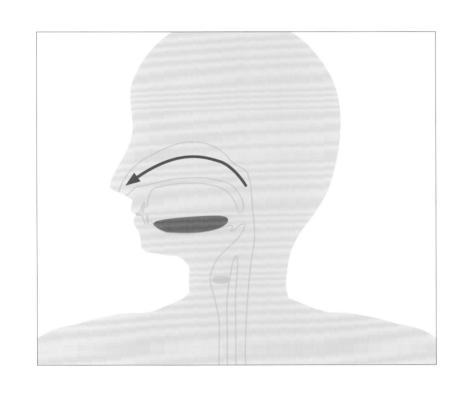

받침[ㅁ] 음소 인지하기 (1음절)

곰	소	밤	삼(3)	이(2)
뱀	코	침	오(5)	잼
새	춤	햄	쥐	땀

- 단어를 보고, 받침[ㅁ]이 들어간 단어를 찾는 활동입니다.

- 아동이 스스로 단어를 말하며 받침[ㅁ]을 인지하게 해주세요.

- 만약, 그림을 보고 목표 단어가 아닌 다른 단어로 산출하는 경우 바꾸어 들려주세요.

  (예. '셋'이라고 읽는 경우 '삼'이라고 목표 단어를 정확하게 다시 들려주세요)

지도의 예시 1

지도자 : (곰을 가리키며) 이것의 이름은 무엇인가요?

학생 : 곰이에요.

지도자 : 소리에 /음/이 있나요?

학생 : 네 있어요.

지도의 예시 2

아동이 스스로 단어를 말하며 받침소리를 인지하는 것에 어려움을 보이는 경우

지도자 : 단어를 잘 듣고 /음/소리가 있는지 찾아보세요.
'곰'에 /음/소리가 있나요?

학생 : 모르겠어요.

지도자 : (소리를 길게 들려주며)
'그오음'에 /음/소리가 있나요?

학생 : 네 있어요.

받침[ㅁ] 음소 인지하기 (1음절)

받침[ㅁ] 음소 인지하기 (2음절)

가지 감자 김치 네모 냄비

침대 바퀴 구름 새우 사슴

우유 씨름 하품 오줌 조개

지도의 예시

지도자 : (사슴을 가리키며) 이것의 이름은 무엇인가요?

학생 : 사슴이에요.

지도자 : 소리에 /음/이 있나요?

학생 : 네 있어요.

지도자 : 어디에 /음/소리가 있나요?
   '사'에 있나요? '슴'에 있나요?

학생 : '슴'에 있어요.

• 단어를 보고, 받침[ㅁ]이 들어간 단어를 찾는 활동입니다.

• 아동이 스스로 단어를 말하며 받침[ㅁ]을 인지하게 해주세요.

• 만약, 그림을 보고 목표 단어가 아닌 다른 단어로 산출하는 경우 바꾸어 들려주세요.

   (예. '사각형'이라고 읽는 경우 '네모'라고 목표 단어를 정확하게 다시 들려주세요)

받침[ㅁ] 음소 인지하기 (2음절)

받침[ㅁ] 음소 첨가

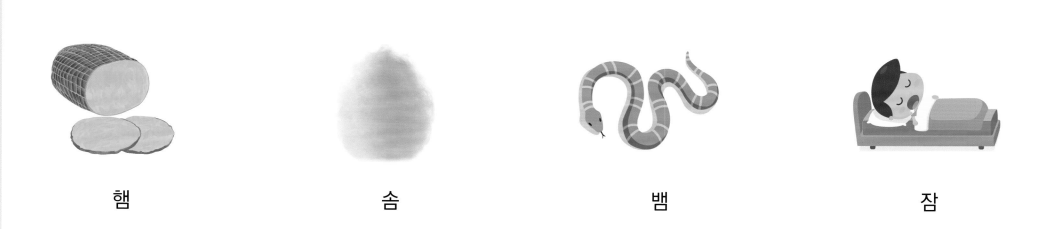

햄　　　　　　　　솜　　　　　　　　뱀　　　　　　　　잠

- 지시문 : 잘 듣고 /음/소리를 더하면 어떤 단어가 완성되는지 찾아 손으로 짚어보세요.

  1) '소'에다가 /음/소리를 더하면? (솜)

  2) '자'에다가 /음/소리를 더하면? (잠)

  3) '해'에다가 /음/소리를 더하면? (햄)

  4) '배'에다가 /음/소리를 더하면? (뱀)

받침[ㅁ] 음소 첨가

받침[ㅁ] 음소 생략

해 배 소 자

- 지시문 : 잘 듣고 /음/소리를 빼면 어떤 단어가 완성되는지 찾아 손으로 짚어보세요.

  1) '햄'에서 /음/소리를 빼면? (해)

  2) '뱀'에서 /음/소리를 빼면? (배)

  3) '솜'에서 /음/소리를 빼면? (소)

  4) '잠'에서 /음/소리를 빼면? (자)

받침[ㅁ] 음소 생략

받침[ㅁ] 어휘 예습

봄

여름

땀

엄지

춤

검지

지도의 예시

지도자 : (봄을 가리키며) 읽어보세요.

학생 : 모르겠어요.

지도자 : 소리를 천천히 읽어 볼게요.

　　　　소리를 듣고 합쳐보세요.

　　　　(소리를 길게 들려주며) 브+오+음

학생 : 봄

- 동화를 읽기 전 동화 속 단어를 예습하는 단계입니다.

- 단어를 읽는 것에 어려움을 보이는 경우 음소를 하나씩 분리해서 말한 뒤 합쳐서 말하게 해주세요.

받침[ㅁ] 어휘 예습

 봄

 여름

 땀

 엄지

 춤

 검지

받침[ㅁ] 어휘 예습

 게임

 소금

 침대

 햄버거

 김치

 감자튀김

- 동화를 읽기 전 동화 속 단어를 예습하는 단계입니다.
- 단어를 읽는 것에 어려움을 보이는 경우 음소를 하나씩 분리해서 말한 뒤 합쳐서 말하게 해주세요.

받침[ㅁ] 어휘 예습

 게임

 소금

 침대

 햄버거

 김치

 감자튀김

동화의 구성

- **지도방법**

  1) 아동이 받침 [ㅁ]의 음가를 정확히 산출할 수 있는지 확인해주세요.

  2) 동화를 읽기 전, 또는 읽은 후 받침[ㅁ]이 들어가는 단어를 찾아 한 번 더 읽게 해주세요.

  3) 동화를 처음부터 끝까지 다 읽은 뒤 앞으로 돌아와서 질문을 해주세요.

- **총 572음절로 구성된 동화입니다.**

- **동화에 나오는 단어 목록 (총 42개)**

가져오렴(가져오다)	감나무	감자튀김	검지	게임	그럼	금세
김치	꼼꼼히	냠냠	넘치다	다솜	다음	담다
담그다	땀	몸	새콤하다	소금	심다	심부름
아이참	아침	봄	삼키다	엄마	엄지	엄하다
여름	잠시	점심	점점	조금	조심	춤
침	침대	하음	함께	햄	햄버거	힘

받침 탐험대
김치 담그기

받침[ㅁ]이 포함된 단어 :
엄마, 아침, 침대, 다솜

- 내용 파악 질문

    1) 다솜이는 어디에 있나요? (침대 안)

    2) 엄마가 무엇을 하고 있나요? (아침 차려요)

엄마가 아침 차리며 다솜이에게 이야기해요.

받침[ㅁ]이 포함된 단어 :
하음, 게임, 아침, 엄마, 함께

- **내용 파악 질문**

  1) 하음이는 무엇을 하고 있나요? (게임)

  2) 누가 하음이에게 오라고 했나요? (아빠)

아빠가 엄마와 함께 아침 차리며 하음이에게 이야기해요.

받침[ㅁ]이 포함된 단어 :
엄마, 햄, 몸

- **내용 파악 질문**

  1) 다솜이가 엄마에게 무엇을 달라고

     했나요? (햄)

  2) 엄마는 왜 햄을 주지 않았나요?

     (몸에 해로워서)

받침[ㅁ]이 포함된 단어 : 아이참, 그럼, 햄버거, 몸

- **내용 파악 질문**

1) 다솜이가 엄마에게 무엇을 달라고

   했나요? (햄버거)

받침[ㅁ]이 포함된 단어 :
햄버거, 감자튀김, 하음, 엄마, 엄하게('엄하다'의 활용형)

- 내용 파악 질문

  1) 하음이가 엄마에게 무엇을 달라고
     했나요? (감자튀김)

  2) 엄마가 하음이에게 어떻게 말했나요?
     (엄하게)

엄마가 하음이에게 엄하게 이야기해요.

받침[ㅁ]이 포함된 단어 :
점심, 함께, 심으러('심다'의 활용형), 엄마, 하음, 다솜

자자~ 싸우지 마시고, 점심에 다 함께 채소 심으러 떠나보자

아빠와 엄마, 하음, 다솜 모두 다 함께 떠나요.

- 내용 파악 질문

  1) 언제 채소 심으러 떠났나요? (점심)

  2) 누가 채소 심으러 떠났나요?

  (아빠, 엄마, 하음, 다솜)

자자~ 싸우지 마시고,
점심에 다 함께
채소 심으러 떠나보자

아빠와 엄마, 하음, 다솜 모두 다 함께 떠나요.

받침[ㅁ]이 포함된 단어 :
심고/심자('심다'의 활용형), 점점, 땀

배추도 심고, 파도 심자

배추와 파까지 심다 보니 점점 땀이 흐르네요.

- 내용 파악 질문

  1) 무엇을 심었나요? (배추, 파)

  2) 채소를 심다보니 무엇이 흘렀나요? (땀)

배추와 파까지 심다 보니 점점 땀이 흐르네요.

받침[ㅁ]이 포함된 단어 :
엄마, 하음, 잠시, 감나무, 힘, 넘쳐서('넘치다'의 활용형), 춤

아빠, 엄마, 하음이가 잠시 감나무 아래에서 쉬어요. 다솜이가 힘이 넘쳐서 춤까지 춰요.

• 내용 파악 질문

1) 누가 춤을 췄나요? (다솜)

2) 아빠와 엄마, 하음이가 어디서 쉬나요?

(감나무 아래)

아빠, 엄마, 하음이가 잠시 감나무 아래에서 쉬어요. 다솜이가 힘이 넘쳐서 춤까지 춰요.

받침[ㅁ]이 포함된 단어 :
힘, 심자/심고/심어요('심다'의 활용형), 다솜, 하음

- 내용 파악 질문

  1) 누가 고추를 심었나요? (엄마, 다솜)

  2) 누가 무를 심었나요? (아빠, 하음)

엄마와 다솜이가 고추 심고, 아빠와 하음이가 무 심어요.

받침[ㅁ]이 포함된 단어 :
조심, 엄마, 하음, 함께

- **내용 파악 질문**

  1) 누가 기도했나요? (엄마, 하음)

  2) 뭐라고 기도했나요?

     (채소야 조심조심 자라라)

받침[ㅁ]이 포함된 단어 :
봄, 여름

봄이 지나고, 여름이 지나니 어느새 채소가 자라나요.

- **내용 파악 질문**

  1) 채소가 다 자란 계절은 언제일까요?

     (가을)

봄이 지나고, 여름이 지나니 어느새 채소가 자라나요.

받침[ㅁ]이 포함된 단어 :
김치, 담가야/담그기로('담그다'의 활용형)

• 내용 파악 질문

1) 아빠가 왜 채소를 빨리 거두자고 했나요?

（추워지니까）

2) 채소를 가져가서 무엇을 하나요?

（김치 담그기）

배추, 무, 고추, 파 거두어 가서 김치 담그기로 해요.

받침[ㅁ]이 포함된 단어 : 소금

- **내용 파악 질문**

1) 김치를 담글 때 가장 먼저 무엇을 해야 하나요? (소금 뿌리기)

받침[ㅁ]이 포함된 단어 :
소금, 하음, 가져오렴('가져오다'의 활용형), 심부름

어머! 소금이 모자라네!
하음아 소금 좀 가져오렴

하음이가 심부름해요.

- **내용 파악 질문**

  1) 무엇이 모자랐나요? (소금)

  2) 누가 심부름을 했나요? (하음)

하음이가 심부름해요.

받침[ㅁ]이 포함된 단어 :
엄마, 소금, 다음, 잠시, 꼼꼼히, 엄지, 검지

엄마 소금 뿌리고 다음에 뭐 해요?

잠시 기다리다가 버무려야지

엄마가 배추에 꼼꼼히 소금 뿌려줘요. 하음이도 엄지와 검지로 소금 쥐고 뿌려요.

- 내용 파악 질문

  1) 하음이가 어떤 손가락으로 소금을 쥐었나요? (엄지, 검지)

엄마가 배추에 꼼꼼히 소금 뿌려줘요. 하음이도 엄지와 검지로 소금 쥐고 뿌려요.

받침[ㅁ]이 포함된 단어 :
함께, 금세, 담고('담다'의 활용형), 김치

이제 다 함께
버무리자!

대야에 배추, 무, 고추, 파 모두 담고 버무리니 금세 김치가 돼요.

• 내용 파악 질문

1) 대야에 채소를 넣고 어떻게 했나요?

(버무려요)

대야에 배추, 무, 고추, 파 모두 담고 버무리니 금세 김치가 돼요.

받침[ㅁ]이 포함된 단어 :
다솜, 김치, 새콤해서('새콤하다'의 활용형), 침, 엄마, 조금

엄마가 다솜이에게 김치 조금 줘요.

- 내용 파악 질문

  1) 다솜이가 김치를 먹고 왜 침이 나왔나요?

  (새콤해서)

  2) 엄마가 다솜이에게 김치를 얼마만큼

  줬나요? (조금)

엄마가 다솜이에게 김치 조금 줘요.

받침[ㅁ]이 포함된 단어 :
하음, 힘, 삼키자('삼키다'의 활용형)

하음이가 김치 삼키자 힘이 나요.

- **내용 파악 질문**

    1) 하음이가 김치를 먹은 뒤 어땠나요?

    (힘이 나요)

하음이가 김치 삼키자 힘이 나요.

받침[ㅁ]이 포함된 단어 :
김치, 냠냠

배추김치도 냠냠, 무김치도 냠냠, 파김치도 냠냠!

- **내용 파악 질문**

  1) 어떤 김치를 만들었나요?

  (배추김치, 무김치, 파김치)